Talking about Pictures

French

Talking about Pictures
French

Tony Whelpton

Chief Examiner in French
The Associated Examining Board
The Southern Examining Group

Daphne Jenkins

Senior Assistant Examiner
The Associated Examining Board
Reviser in French
The Southern Examining Group
Assistant French Teacher
Pate's Grammar School, Cheltenham

Longman Group UK Limited
Longman House
Burnt Mill, Harlow, Essex CM20 2JE, England
and Associated Companies throughout the World

First published 1986

ISBN 0-582-22465-9

Set in 11/12 pt Bodoni (Linotron)

Produced by Longman Group (F.E.) Limited

Printed in Hong Kong

By the same authors

Advanced level essay writing: French

Comprenez-vous?

In your own words: French

La Boîte aux lettres

Let's get it right: French

Picture composition: French

Role-play practice: French

Preface

Many foreign language examinations at the 16+ stage use 'Questions on a single picture' as one of the tests of spoken language. Why? After all, we are not often called upon to describe pictures in real life, either in our own or anybody else's language, and the twin watchwords of today's linguists are 'communication' and 'authenticity'.

But there is such a thing as needing to learn **how** to communicate, and the end result may very well justify some apparently unrealistic training methods. As we said in one of our earlier books, if your ambition is to win a Wimbledon title, you don't restrict your training to the playing of five-set matches. What, then, is this exercise a training **for**? It is not difficult to conceive of a situation in real life where you need to describe someone or something; nor one where you say what someone is doing, is about to do, or has just done. The question is, how do you train pupils to be able to do that without providing the stimulus that will provide the statements, and how do you ensure that they cover all they are likely to need in real life if you don't ask them questions which will elicit those statements? The argument for the inclusion of such an exercise in an examination is similar, but is reinforced by the obvious need to provide a standardized stimulus.

Many people tend to think that as an examination test it should be easy; our experience as examiners shows that a lot of candidates do less well than they should. In some cases they appear not to know what kind of questions to expect, and sometimes they have simply not had enough practice or guidance. The aim of this book, therefore, is to provide a good range of material for practice, along with the sort of guidance which we hope both pupils and teachers will find useful.

Tony Whelpton
Daphne Jenkins
Cheltenham, 1985

Introduction

We thought it best to begin by dealing with some of the questions we have most often been asked by examination candidates about the single-picture test. After that we shall deal with some of the questions that perhaps ought to have been asked, and haven't, and shall give some specific advice on how to go about answering particular types of question.

Q. What kinds of pictures should I expect?

A. It is almost certain that the pictures will represent all kinds of people in all kinds of everyday situations, especially in France. It is most unlikely that you will be asked to talk about a scene that represents something that happened a long time ago. It will probably be a situation in which you might genuinely find yourself in France — but not necessarily as a sixteen-year-old: remember that we are hoping you will learn French as a grounding to enable you to cope with visits to France throughout your adult life, so it isn't only discos, cafés and games that you need to learn about.

Q. Will I be given time to study the picture before I am asked about it?

A. It depends. With some examining boards the answer is yes, with others it is no. Your teacher should be able to tell you, and the examining board will make it clear in its

syllabus. Even if you are not given time to look at it first, the examiner will almost certainly point to the relevant part of it when asking a question, to make sure that you know exactly what is being asked. After all, the test is to find out whether you can speak French, not a test of observation. The first question, though, will almost certainly be a general one, so you should immediately concentrate very hard and try to take in where the situation is located and roughly what is going on.

Q. Should I start to describe the picture as soon as it is given to me?

A. No. You may be asked to describe part of the picture — one of the characters, for instance, — but you should wait for specific questions to be put to you rather than launch into a long description of what you can see in different parts of the picture.

Q. Am I expected to interpret the picture in a certain way?

A. No, not necessarily. The artist will obviously have tried to make the details of the picture as clear as possible, but if there is some doubt about what something in the picture represents, you can only interpret it as you think fit. If, for example, you cannot decide whether a person you are looking at is a boy or girl, this does not matter as

7

long as you give an accurate description. (Of course, it is not really too difficult to say *Je ne sais pas si c'est un garçon ou une fille*, is it?) If the picture showed that it had been snowing, and you were asked what season you thought it was, you would probably be asked to give a reason if you chose not to say that it was winter! Even then you might have noticed something the examiner hadn't — a ewe with some lambs, for instance, which might have led you to think it was spring rather than winter, in spite of the snow. Such things have been known to happen in examinations!

Q. How much attention do I need to pay to detail in the picture?

A. A great deal. You should look for details which indicate exactly where the scene takes place: for example, names on shops, street signs, car number plates, etc. You should look at the expressions on the faces of the people represented, as this is often a good indication of what is going on. You should also look carefully at the clothes they are wearing, as well as other aspects of their appearance, as you may be asked to describe them.

Q. Do I need to answer in complete sentences?

A. Not if the question doesn't naturally require a complete sentence. If you are asked what someone is doing, then it is impossible to answer without using a complete sentence. If you are asked how many people you can see, or what time it is, it is all right to say *J'en vois quatre*, or *Il est trois heures*, but there is no reason why you should not simply say *Quatre*, or *Trois heures*, as a lot of French people would.

Q. What tenses will I be expected to use in my answers?

A. A whole range of tenses. Normally it will be assumed that the action is taking place now, so that many questions will be in the Present tense. It is also likely that you will be asked about what has already taken place before the events portrayed, and also about what is likely to happen next. So it is a good idea to get into the habit of imagining that the picture in front of you is one of a series in a strip cartoon; then you can think about what would be in the picture that came just before it, and what would be in the picture that came just after it. You might not have time in the actual examination to go about it in that way, but if you do that when you are practising either in class or at home, you will find that you start to think automatically about the moment before and the moment after. You will always know what tense to use, of course, if you listen carefully to the question and then answer using the same tense.

Now let us consider in detail the sort of questions you might be asked, and in particular the way you might go about answering them. Basically, there are only six kinds of question you can be asked, though there is an infinite variety of ways in which they may be expressed. These questions are *where, who, when, what, how* and *why*. Now look at each of them in turn.

Where

This may be a very general question, or it may relate to a small detail. It is possible that the first question of all will be something like:

Où est-ce que cette scène se passe?

This is a very general question, and really quite easy, although many examination candidates seem to get tied in knots by it. Here are some of the answers that you might give:

En ville / à la campagne

Dans la rue / au bord de la rivière / au jardin

Au restaurant / à la gare / dans un magasin

Au salon / dans une chambre / dans la cuisine

So you see, it is a matter of placing the situation in its context, and it is only a general answer that is needed.

Where? may relate to a small detail, though, as in the question:

Où est le chien?

For this, you need to know your prepositions — the little words that enable you to say where something is. The principal ones you may need to use are:

au-dessus de	au-dessous de
autour de	au bord de
chez	contre
dans	derrière
devant	en
entre	près de
sous	sur

It is possible that you might need an adverb or adverbial phrase, such as 'upstairs', so add these to the list as well:

en bas

en haut

partout

Who?

This will relate to the people you see in the picture, and the most obvious question is:

Qui voyez-vous?

though it may be expressed in a different way, e.g.

Qui est assis dans le fauteuil?

Qui sort du magasin?

Be prepared for these questions to be asked in a slightly different way, e.g.

Qui est-ce que vous voyez?

Qui est-ce qui est assis dans le fauteuil?

Qui est-ce qui sort du magasin?

In all of these cases, your answer is likely to be a noun, possibly accompanied by an adjective. As you are unlikely to know exactly who the person is, your answer will almost certainly be general, along the lines of:

un monsieur / une dame / une jeune fille / un petit garçon

un facteur / le boulanger / un agent de police / un cycliste

une mère et ses trois enfants / des joueurs de football

Sometimes this question may be preceded by one asking how many people there are, e.g.

Combien de personnes voyez-vous?

Combien de clients y a-t-il dans le magasin?

Then the next question is likely to be:

Qui sont ces trois personnes?

Qui sont ces quatre personnes?

and your answer will be similar to the ones we suggested above.

You may also be asked to identify which of two or three people is doing a particular thing, e.g.

Quel monsieur fume une cigarette?

Laquelle des dames porte un panier?

Then you are almost certain to need one of these:

celui, celle; ceux, celles

(*Celui* simply means 'the one', so *celui à gauche* means 'the one on the left'.) So you could say, e.g.

Celui à droite

Celui qui ouvre la porte

Celle qui ne porte pas de chapeau

When?

This may be a very general question involving the season of the year, e.g.

En quelle saison sommes-nous?

Et ça se passe en quelle saison?

In this case your answer will be one of these:

en hiver / au printemps / en été / en automne

unless it is a more specific but readily identifiable season, e.g.

à Noël

It is possible that a calendar or some other means of indicating the date will be visible in the picture, in which case the question is:

Quelle est la date?

Ça se passe à quelle date?

Then, of course, you simply have to know how to express the date in French — but at least if there is a calendar in the picture you will be shown the French for the month!

Similarly, there may be a clock in the picture, and the question:

Quelle heure est-il?

may be asked. But there are other ways of getting you to express time too, e.g.

A quelle heure le train doit-il partir?

What?

It is possible, but unlikely, that you will be asked:

Qu'est-ce qui se passe dans cette image?

It is unlikely because it is really an invitation to describe the entire picture, and we have already said that you probably won't be asked to do this. But it is possible that a general question might be asked, such as:

Quel temps fait-il?

and your answer should be as specific as you can make it. If you simply say:

Il fait beau

or

               Il fait mauvais

you will probably be asked to say a little more, e.g.

               Il pleut

               Il fait du soleil

               Il fait du brouillard

               Il neige

The most common type of question under this heading will be:

               Que fait la dame?

               Qu'est-ce qu'il est en train de faire?

or   Que fait le monsieur en prenant son café?

and in this case, you simply say as well as you can what the person is doing, e.g.

               Elle attend l'autobus

               Il est en train de boire du vin

or   Il lit son journal

You may have to use a bit of imagination, for instance if you are asked:

Que dit l'agent de police, croyez-vous?

and your answer might be:

               Il dit 'arrêtez-vous!'

               Il leur dit de s'arrêter

In that case, you might also be asked the reaction of the people the policeman is speaking to, e.g.

               Quelle est leur réaction?

Then your answer could be:

               Ils ne sont pas contents

               Ils sont furieux

or   Ils commencent à pleurer

We said earlier that you needed to imagine what is likely to happen next. So another question might be:

               Qu'est-ce qu'elle va faire après, croyez-vous?

               Qu'est-ce qu'il est sur le point de faire?

or   Qu'est-ce qu'il fera maintenant, imaginez-vous?

If the person concerned is waiting for a bus, the answer is likely to be:

Elle va monter dans l'autobus

Il est sur le point de monter dans l'autobus

or   Il montera dans l'autobus

You are also quite likely to be asked something like:

Qu'est-ce qu'il vient de faire?

This is one of the questions which causes most difficulty in an examination, but there is really no reason why it should. After all, *venir* is the opposite of *aller*, so:

Qu'est-ce qu'il vient de faire?

is the opposite of:

Qu'est-ce qu'il va faire?

in other words:

What has he just done?

Now this is really easy, because all you need to do is to repeat the words *Il vient de* and add the infinitive of another verb — you don't even need to find a different part of the verb! So you could say:

Il vient d'entrer dans le restaurant

or   Elle vient de sortir de la maison

Funnily enough, the same question asked in a different form, e.g.

Qu'est-ce qu'il a fait avant d'acheter un livre?

is easier to understand, but harder to answer!

Il est entré dans la librairie

There is one other kind of **what?** question you might be asked, e.g.

Qu'est-ce que c'est?

to which you might answer:

Un couteau

but it is not asked very often, because it simply tests your knowledge of vocabulary. You are more likely to be asked:

Que fait-il pour couper le pain?

and your answer would have to be:

Il prend un couteau

which means you have had to produce a verb as well!

13

How?

There are really two ways in which this question might be asked, one involving you, and one involving the people in the picture. Where the people in the picture are concerned, it is a question of how they are doing, will do, or have done something, e.g.

Comment est-elle venue ici?

Comment mange-t-il sa soupe?

or   Comment va-t-il entrer dans la maison?

Your answers might be:

En autobus

Avec une cuillère

or   En ouvrant la fenêtre

The question that relates to you is really asking **Why?** rather than **How?**, because it is asking for your reasons for having a certain impression of something in the picture, e.g.

Comment savez-vous que le petit garçon n'est pas content?

Comment savez-vous qu'ils aiment le concert?

In fact, you can usually answer this kind of question in the

14

way that you answer a *Que fait...?* question, by using a verb, e.g.

Il pleure

Ils applaudissent

Why?

The last kind of question listed under **how?** could also be included here, because it could be expressed in a slightly different way, but still be basically the same question, e.g.

Pourquoi dites-vous que le petit garçon n'est pas content?

Pourquoi dites-vous qu'ils aiment le concert?

or even   Qu'est-ce qui indique qu'ils aiment le concert?

and your answers would still be the same:

Il pleure

Ils applaudissent

You might also be asked why someone in the picture is doing something, e.g.

Pourquoi cette dame prend-elle de l'argent dans son sac?

The reason will usually be obvious, though there may be a number of ways of expressing it, e.g.

Elle va payer la vendeuse

Pour payer la vendeuse

Elle veut payer ses achats

Elle doit donner de l'argent à la vendeuse

You might also be asked why someone is obliged to do something, e.g.

Pourquoi doit-il attendre?

and your answer will be something like:

Parce que le train n'est pas arrivé

A word of warning: **never** use *car* to answer a question beginning *pourquoi* – it doesn't really mean 'because', it means 'for', which would not be suitable here.

Describing People

You might be asked specific questions about someone or something in the picture, which could be almost any one of the types already mentioned, e.g.

Où a-t-il mis ses lunettes?

Qu'est-ce qu'il porte?

Quel âge a-t-elle, croyez-vous?

Quel est le numéro de l'autobus?

Your answers might be:

Dans sa poche

Un pantalon et un tricot

Soixante ans environ

Vingt-neuf

But you might be asked simply to describe someone:

Décrivez ce jeune homme, s'il vous plaît

In this case, you will need to say a few things about him; for instance, how old he appears to be, what his hair is like, whether he is wearing glasses, and what he is wearing:

Il a vingt ans environ, il a les cheveux noirs et il porte un pantalon noir et un tricot blanc.

Watch out for exactly the same question being asked in a different way:

Comment est ce jeune homme?

Because most people think of *comment* as meaning 'how', they tend to misunderstand this question, but it simply means 'what is this young man like?' — in other words, give a description of him.

Model Picture

Here is a picture of the type you might be shown. You will find some questions of the kind you would be asked, and along with those we have put the answers. But remember — there may very well be more than one way of answering a question.

1 *Q.* Combien de personnes voyez-vous?

   A. Neuf.

2 *Q.* Qui sont les quatre personnes dans cette famille?

   A. Il y a le père, la mère, la fille et le fils.

3 *Q.* Quel âge a la fille, pensez-vous?

   A. Elle a neuf ans environ, je crois.

4 *Q.* Qu'est-ce qui montre qu'elle est triste?

   A. Elle pleure.

5 *Q.* Pourquoi est-ce qu'elle pleure?

   A. Elle a renversé son coca-cola.

6 *Q.* Que fait sa mère?

   A. Elle lui donne un mouchoir.

7 *Q.* Que dit son père, imaginez-vous?

   A. Il dit 'Garçon, encore un coca-cola, s'il vous plaît'.

8 *Q.* Qu'est-ce que le garçon de café est en train de faire?

   A. Il est en train d'essuyer une table.

9 *Q.* Lequel de ces deux hommes fume une cigarette?

   A. Celui qui est assis à gauche.

10 *Q.* Que fait l'autre homme?

   A. Il boit du vin.

11 *Q.* Qu'est-ce que le jeune homme va faire?

   A. Il va fermer la porte.

12 *Q.* Décrivez la jeune femme, s'il vous plaît.

   A. Elle a de longs cheveux blonds et elle porte un chemisier, une jupe et des chaussures à talons hauts.

Dans la rue

1   C'est en quelle saison, croyez-vous?

2   Pourquoi dites-vous ça?

3   Pourquoi la voiture et la moto se sont-elles arrêtées?

4   Que font la mère et son enfant?

5   Comment la mère sait-elle qu'il n'est pas dangereux de traverser?

6   Que font ces deux jeunes gens?

7   Pourquoi?

8   La dame qui sort de la boulangerie, qu'est-ce qu'elle vient de faire?

9   Que fait le marchand de légumes?

10   Qu'est-ce qu'il a déjà fait?

11   Qu'est-ce que la dame devra faire maintenant?

12   Décrivez cette dame, s'il vous plaît.

2 *A la campagne*

1   C'est en quelle saison, croyez-vous?

2   Pourquoi dites-vous ça?

3   Quel temps fait-il?

4   Combien de personnes voyez-vous?

5   Qui sont ces trois personnes?

6   Que fait le monsieur?

7   Pourquoi?

8   Que fait la dame?

9   Pourquoi la jeune fille s'est-elle arrêtée?

10   Qu'est-ce qu'elle a déjà fait?

11   Que fait le chien?

12   Pourquoi est-ce que les moutons se sauvent?

3 *A la gare routière*

1   Quelle heure est-il?

2   Comment savez-vous quelle heure il est?

3   Pourquoi ces gens sont-ils venus à cet endroit?

4   Combien de personnes voyez-vous derrière l'autocar de Paris?

5   Qui sont ces trois personnes?

6   Que font les passagers de leurs bagages?

7   Quel autocar sera le premier à partir, croyez-vous?

8   Pourquoi ce monsieur donne-t-il de l'argent à la dame?

9   Pourquoi ces gens sont-ils entrés dans le buffet?

10   Alors, que font-ils maintenant?

11   La dame au fond, qu'est-ce qu'elle est sur le point de faire?

12   Décrivez la dame, s'il vous plaît.

4 *Au bord de la mer*

1 C'est en quelle saison, croyez-vous?

2 Pourquoi dites-vous ça?

3 Quel temps fait-il?

4 Combien de personnes y a-t-il dans cette famille?

5 Qui sont ces cinq personnes?

6 Que font les deux jeunes filles?

7 Pourquoi?

8 Et les parents?

9 Que faisait le père avant de s'endormir?

10 Que font les deux hommes à gauche?

11 Ce jeune garçon à droite, où va-t-il?

12 Pourquoi?

5 *Au garage*

1 Que fait le monsieur à droite?

2 Pourquoi l'autre monsieur a-t-il sorti son portefeuille?

3 Combien de personnes voyez-vous dans la voiture?

4 Qui sont ces trois personnes?

5 Où exactement sont les petits enfants?

6 Que font-ils?

7 Et que fait leur grand frère?

8 Qu'est-ce que cette autre voiture vient de faire?

9 Pourquoi?

10 Que dit le monsieur à la femme, croyez-vous?

11 Qu'est-ce qu'elle est sur le point de faire?

12 Pourquoi ce camion transporte-t-il une voiture comme ça?

6 A l'hôtel

1   Quelle heure est-il?

2   Comment savez-vous quelle heure il est?

3   Combien de personnes voyez-vous derrière le comptoir?

4   Qui sont ces deux personnes?

5   Que fait la réceptionniste à droite?

6   Et celle qui se trouve à gauche?

7   Pourquoi?

8   Comment ces personnes vont-elles monter à leur chambre?

9   Les gens qui sont assis, que font-ils?

10 Qu'est-ce que le garçon est sur le point de faire?

11 Que fait la dame?

12 Décrivez son mari, s'il vous plaît.

30

7 *A la poste*

1 Quelle heure est-il?

2 Comment savez-vous quelle heure il est?

3 Quelle est la date?

4 Combien de personnes voyez-vous au guichet 'timbres'?

5 Pourquoi attendent-elles là?

6 Qu'est-ce que cette dame a fait de son colis?

7 Pourquoi?

8 Pourquoi des gens attendent-ils au guichet 'Renseignements'?

9 La petite fille au guichet 'Poste Restante', qu'est-ce qu'elle vient de faire?

10 La dame dans la cabine, que fait-elle?

11 Qui est-ce qui vient d'entrer dans le bureau de poste?

12 Décrivez-les, s'il vous plaît.

8 *Chez le marchand de chaussures*

1 Quelle heure est-il?

2 Combien de personnes voyez-vous?

3 Qui sont ces six personnes?

4 Que fait la cliente qui est à la caisse?

5 Pourquoi?

6 Que fait la cliente à droite?

7 Quelle est l'attitude de la cliente, croyez-vous?

8 Qu'est-ce qui indique qu'elle est là depuis longtemps?

9 Quelle est l'attitude de la vendeuse?

10 Que fait la jeune fille?

11 Quelle est la réaction de sa mère?

12 Pourquoi?

9 Chez le coiffeur

1 Quelle heure est-il?

2 La dame près de la porte, qu'est-ce qu'elle vient de faire?

3 Que fait-elle de son manteau maintenant?

4 Pourquoi l'a-t-elle enlevée?

5 Pourquoi est-elle venue ici, croyez-vous?

6 Que fait la coiffeuse au premier plan?

7 Et la coiffeuse au centre?

8 Quelle est l'attitude de la mère de la petite fille?

9 Pourquoi?

10 Pourquoi la dame à gauche est-elle assise là?

11 Que fait le jeune homme?

12 Que fera la dame quand le jeune homme lui aura donné son café?

10 *Au salon*

1 Quelle heure est-il?

2 Comment savez-vous quelle heure il est?

3 Combien de personnes voyez-vous?

4 Qui sont ces quatre personnes?

5 Qu'est-ce qu'il y a à la télévision?

6 Quelle est l'attitude de la femme?

7 Que fait son mari?

8 Qu'est-ce qui indique que le grand-père ne s'intéresse pas aux courses de chevaux?

9 Que fait la jeune fille?

10 Que fait le chat?

11 Pourquoi est-ce que la ficelle est par terre, croyez-vous?

12 Décrivez le grand-père, s'il vous plaît.

11 *A la discothèque*

1 Cela se passe à quel moment de la journée, croyez-vous?

2 Pourquoi dites-vous ça?

3 Combien de musiciens voyez-vous?

4 Que font les musiciens?

5 Et que font les autres gens?

6 Que fait la jeune fille à gauche?

7 Pourquoi?

8 Pourquoi ces deux jeunes filles ont-elles du mal à se parler?

9 Qu'est-ce qu'elles font pour se faire entendre?

10 Que font les deux jeunes gens au premier plan?

11 Pourquoi y a-t-il toutes ces bouteilles, etc, sur la table?

12 Comment sont ces deux jeunes gens?

40

12 Au cinéma

1   Quelle heure est-il?

2   Où est la pendule?

3   Pourquoi tous ces gens sont-ils venus ici?

4   Pourquoi voit-on le mot *Fin* sur l'écran?

5   Que fait l'ouvreuse à gauche?

6   Et que fait l'autre employée?

7   Pourquoi?

8   Que font les deux jeunes gens au dernier rang?

9   Quelle est la réaction de la dame devant eux?

10   Et de l'homme qui est à côté d'elle?

11   Que font les gens qui sont devant eux?

12   Qu'est-ce qu'ils vont faire maintenant?

13 *Au concert pop*

1   Cela se passe à quel moment de la journée, croyez-vous?

2   Pourquoi dites-vous ça?

3   Combien de musiciens voyez-vous?

4   Que font-ils exactement?

5   Pourquoi tous ces gens sont-ils venus ici?

6   Quelle est la réaction des spectateurs?

7   Que fait le jeune homme qui est assis au premier rang?

8   Pourquoi?

9   Et que fait son voisin?

10   Qu'est-ce que la jeune fille derrière eux est sur le point de faire?

11   Pourquoi?

12   Décrivez les musiciens, s'il vous plaît.

44

14 *Au jardin public*

1   C'est en quelle saison, croyez-vous?

2   Pourquoi dites-vous ça?

3   Que font les deux jeunes hommes qui sont assis sur l'herbe?

4   Que font les deux femmes?

5   Qu'est-ce que le petit garçon au tricot noir est sur le point de faire?

6   Pourquoi l'autre garçon regarde-t-il sa mère?

7   Si elle voit ce qu'il fait, qu'est-ce qu'elle dira, croyez-vous?

8   L'autre jeune femme, que fait-elle?

9   Où est-elle?

10   Qui est assis sur l'autre banc?

11   Que fait-il?

12   Décrivez-le, s'il vous plaît.

15 *A l'aéroport*

1   C'est en quelle saison, croyez-vous?

2   Pourquoi dites-vous ça?

3   Qu'est-ce que cet avion vient de faire?

4   Que fait l'autre avion?

5   Combien de passagers sont sortis de l'avion?

6   Qui sont ces cinq passagers?

7   Que fait l'hôtesse de l'air?

8   Pourquoi?

9   Les deux personnes en bas de l'escalier, quelles sortes de vacances ont-elles passées, croyez-vous?

10   L'homme à droite, qu'est-ce qu'il vient de faire?

11   Que fait la dame qui porte le sac 'Air France'?

12   Et la famille au premier plan?

16 *A l'agence de voyages*

1   Quelle est la date?

2   Comment savez-vous la date?

3   Combien de personnes voyez-vous?

4   Qui sont ces six personnes?

5   Que fait la cliente à gauche?

6   Pourquoi?

7   Regardez à droite. Qui est-ce qui est en train d'entrer?

8   Qu'est-ce qu'il va faire maintenant?

9   Pourquoi un des autres employés va-t-il vers le téléphone?

10   De quoi parle le groupe de trois personnes?

11   Qu'est-ce qu'ils essaient de faire?

12   Décrivez les deux clients, s'il vous plaît.

17 *Au jardin*

1 C'est en quelle saison, croyez-vous?

2 Pourquoi dites-vous ça?

3 Quel temps fait-il?

4 Combien de personnes voyez-vous?

5 Qui sont ces quatre personnes?

6 Que fait le monsieur?

7 Et la dame?

8 Que fait le chat?

9 Où est-il?

10 Qu'est-ce que la jeune fille est sur le point de faire?

11 Et le bébé?

12 Que dit la jeune fille au bébé, croyez-vous?

18 *A l'église*

1   Pourquoi tous ces gens sont-ils venus ici?

2   Les gens qui font la queue, qu'est-ce qu'ils espèrent faire?

3   Pourquoi?

4   Qu'est-ce que le monsieur au milieu veut faire?

5   Pourquoi ne peut-il pas le faire tout de suite?

6   Quelle est sa réaction?

7   Que fait le monsieur à droite?

8   Pourquoi, croyez-vous?

9   Combien de personnes y a-t-il dans la famille à gauche?

10 Qui sont ces quatre personnes?

11 Que dit la mère à la petite fille, croyez-vous?

12 Pourquoi?

19 *Au musée*

1 Combien de personnes voyez-vous?

2 Pourquoi tous ces gens sont-ils venus ici?

3 Que font les deux personnes à gauche?

4 Quelle est l'attitude de la femme?

5 Et du monsieur?

6 Pourquoi?

7 Que font les deux enfants?

8 Qui est assise sur le banc?

9 Que fait-elle?

10 Qu'est-ce que le gardien lui dit, croyez-vous?

11 Pourquoi?

12 Décrivez le monsieur qui vient d'entrer, s'il vous plaît.

20 Au salon de beauté

1   Quelle heure est-il?

2   Où est la pendule?

3   Combien de personnes voyez-vous?

4   Qui sont ces sept personnes?

5   Pourquoi toutes ces dames sont-elles venues ici?

6   Que fait l'employée au fond à gauche?

7   Que fait l'employée à côté d'elle?

8   Pourquoi les deux dames à gauche sont-elles assises là?

9   Que font-elles en attendant?

10 Que fait la réceptionniste?

11 Pourquoi lui a-t-on téléphoné, croyez-vous?

12 Décrivez la réceptionniste, s'il vous plaît.

21 *Au poste de police*

1   Quelles personnes voyez-vous?

2   Que fait l'agent de police à gauche?

3   Pourquoi doit-il se pencher comme ça?

4   Que fait la petite fille?

5   Qu'est-ce que le jeune homme assis a fait, croyez-vous?

6   Comment le savez-vous?

7   Qui est assis à côté de lui?

8   Que fait le vieillard?

9   Qui est-ce qui vient d'entrer?

10   Quelle est l'attitude du monsieur qui accompagne l'agent?

11   Pourquoi?

12   Décrivez le vieillard, s'il vous plaît.

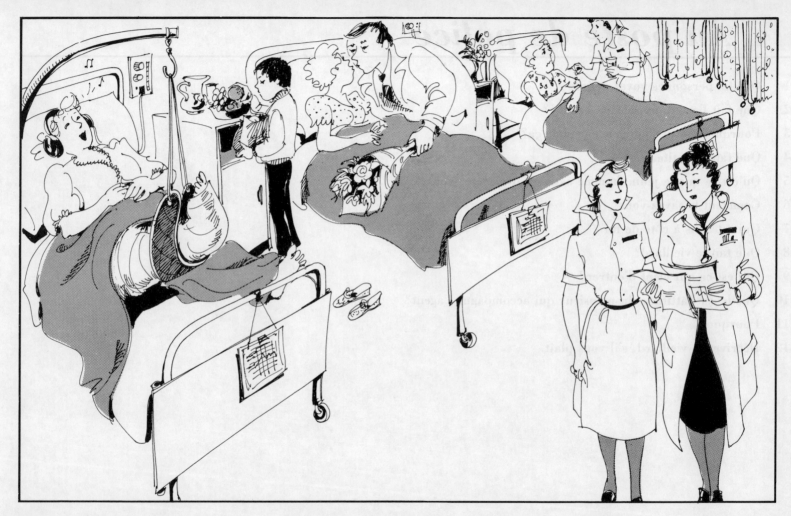

22 A l'hôpital

1   Pourquoi est-ce que toutes ces personnes sont au lit?

2   Pour quelle raison la dame à gauche est-elle là?

3   Pourquoi porte-t-elle un casque?

4   Et que fait-elle aussi en écoutant la radio?

5   Pourquoi le monsieur et son fils sont-ils venus à l'hôpital?

6   Que font-ils maintenant?

7   Que fait l'infirmière au fond?

8   Alors qu'est-ce que la malade doit faire?

9   Quelle est l'attitude de la malade?

10 Qui est la dame au manteau blanc?

11 Que fait-elle?

12 Décrivez l'infirmière, s'il vous plaît.

23 *A l'école*

1   Qui est devant la classe?

2   Qu'est-ce qu'il vient de faire, croyez-vous?

3   Alors, qu'est-ce qu'il attend?

4   Pourquoi ces élèves lèvent-ils la main?

5   Quelle est la réaction des garçons qui sont au dernier rang?

6   Pourquoi?

7   Que fait l'élève qui porte des lunettes pour savoir la réponse?

8   Que fait l'élève à droite?

9   Qu'est-ce que le professeur lui dira s'il découvre ce qu'il fait?

10 Pourquoi?

11 Que fait la jeune fille au premier rang?

12 Quelle est la réaction de sa voisine?

24 *Dans la cour de récréation*

1   C'est en quelle saison, croyez-vous?

2   Pourquoi dites-vous ça?

3   Quel temps fait-il?

4   Qu'est-ce que le garçon au milieu vient de faire?

5   Pourquoi?

6   Que font les deux petites filles à gauche pour s'amuser?

7   Quels enfants sont en train de manger?

8   Que fait le petit garçon adossé au mur?

9   Qu'est-ce que la petite fille au premier plan fait de son livre?

10 Que fait l'institutrice?

11 Qu'est-ce qu'elle est sur le point de faire?

12 Décrivez l'institutrice, s'il vous plaît.

25 *Au stade*

1   Que font ces gens-là?

2   Pourquoi?

3   Combien de coureurs y a-t-il?

4   Qui est-ce qui a gagné?

5   Que fait-il en gagnant?

6   Que font les deux photographes?

7   Pourquoi?

8   Quelle est la réaction des spectateurs?

9   Que fait la jeune fille à droite?

10   Qu'est-ce qu'elle doit faire pour réussir?

11   Que fait celle qui ne saute pas?

12   Qu'est-ce qu'elle fera bientôt?

26 *Au match de football*

1   C'est en quelle saison, croyez-vous?

2   Pourquoi dites-vous ça?

3   Quel temps fait-il?

4   Que font tous ces garçons?

5   Que fait celui qui est juste devant l'arbitre?

6   Pourquoi?

7   Quelle est la réaction de l'arbitre?

8   Et celle des autres joueurs?

9   Pourquoi?

10   Pourquoi le gardien se frotte-t-il les mains?

11   Qu'est-ce que le petit enfant est sur le point de faire?

12   Alors que fait sa mère?

27 *Au terrain des courses*

1   Qu'est-ce qui va se passer bientôt?

2   Comment le savez-vous?

3   A quelle heure la course doit-elle commencer, croyez-vous?

4   Combien de chevaux voyez-vous?

5   Le jockey à gauche, quel problème a-t-il?

6   Que fera le starter pour faire partir les chevaux?

7   Qu'est-ce que les chevaux devront faire quand ils auront tourné le coin?

8   Pourquoi y a-t-il une caméra?

9   Que fait le monsieur au guichet?

10 Qu'est-ce qu'il espère faire?

11 Le monsieur qui quitte le guichet, qu'est-ce qu'il vient de faire?

12 Décrivez ce monsieur, s'il vous plaît.

28 *Sur la rivière*

1   C'est en quelle saison, croyez-vous?

2   Pourquoi dites-vous ça?

3   Quel temps fait-il?

4   Combien de personnes y a-t-il dans la famille à gauche?

5   Qui sont ces quatre personnes?

6   Que fait le bébé?

7   Et que font les autres?

8   Le jeune homme dans le bateau, qu'est-ce qu'il vient de faire?

9   Qu'est-ce qu'il fait maintenant?

10 Pourquoi l'autre monsieur se tient-il dans l'eau?

11 Qu'est-ce qu'il pourrait faire pour aider le jeune homme?

12 Décrivez ce monsieur, s'il vous plaît.

29 *En montagne*

1 Combien de personnes voyez-vous?

2 Qui sont ces quatre personnes?

3 Que font-ils?

4 Comment sont-ils habillés?

5 Que fait le monsieur à droite?

6 Pourquoi?

7 Qu'est-ce que l'autre homme a envie de faire?

8 Qu'est-ce que la dame à droite vient de faire?

9 Pourquoi?

10 Que fait l'autre femme?

11 Alors, qu'est-ce qu'elle va faire maintenant?

12 Pourquoi?

30 *Sur l'autoroute*

1   Qu'est-ce qui se passe?

2   Qu'est-ce qui a causé l'embouteillage, croyez-vous?

3   Pourquoi dites-vous ça?

4   Le père des deux enfants, qu'est-ce qu'il vient de faire?

5   Que fait-il maintenant?

6   Où sont les enfants?

7   Que font-ils?

8   Qui est-ce qui fume une cigarette?

9   Où sont les vaches?

10 Que fait le fermier?

11 Décrivez le chauffeur du camion, s'il vous plaît.

12 Les occupants de la voiture à droite, qu'est-ce qu'ils ont fait de leurs bagages?

31 *Dans le métro*

1 Qu'est-ce qui vient de se passer?

2 Pourquoi est-ce que tous ces gens sont venus ici?

3 Qu'est-ce que la mère et les enfants sont sur le point de faire?

4 Que dit la mère à ses enfants, croyez-vous?

5 Pourquoi?

6 L'homme d'affaires, pourquoi est-ce qu'il court?

7 Décrivez ce monsieur, s'il vous plaît.

8 Que fait la jeune femme au premier plan?

9 Pourquoi?

10 Le monsieur qui est sur le banc, que fait-il?

11 Les deux jeunes personnes au fond, où vont-elles?

12 Pourquoi, croyez-vous?

32 *A la douane*

1   Pourquoi tous ces gens sont-ils venus ici?

2   Pourquoi est-ce que la dame a dû ouvrir sa valise?

3   Qu'est-ce que le douanier a fait?

4   Que dit-il à la dame, croyez-vous?

5   Qu'est-ce qu'elle lui répond?

6   Combien de personnes y a-t-il dans la famille au centre?

7   Qui sont ces cinq personnes?

8   Que fait la mère?

9   Pourquoi?

10 Et que fait l'autre petit garçon?

11 Pourquoi, croyez-vous?

12 Décrivez la petite fille, s'il vous plaît.

33 Dans la forêt

1 C'est en quelle saison, croyez-vous?

2 Pourquoi dites-vous ça?

3 Combien de personnes voyez-vous?

4 Qui sont ces cinq personnes?

5 Que fait la jeune femme?

6 Et le jeune homme?

7 Où est le vieux couple?

8 Que fait le mari?

9 Et sa femme?

10 Alors qu'est-ce qu'ils vont faire maintenant?

11 Décrivez le monsieur avec le chien, s'il vous plaît.

12 Pourquoi est-il habillé comme ça?

34 *A la ferme*

1   C'est en quelle saison, croyez-vous?

2   Pourquoi dites-vous ça?

3   Quel temps fait-il?

4   Combien de personnes voyez-vous?

5   Qui sont ces quatre personnes?

6   Que fait la fermière?

7   Pourquoi, croyez-vous?

8   Que fait le fermier?

9   Et que font le petit garçon et le chien?

10   Qu'est-ce que la jeune fille vient de faire?

11   Si c'est l'heure du déjeuner, qu'est-ce qu'ils vont tous faire maintenant?

12   Décrivez la fermière, s'il vous plaît.

35 *Au parc d'amusements*

1   C'est en quelle saison, croyez-vous?

2   Pourquoi dites-vous ça?

3   Comment savez-vous que ce n'est pas lundi?

4   Pourquoi ces gens attendent-ils là?

5   Qu'est-ce qu'ils feront après cela?

6   Combien doit-on payer pour entrer?

7   Que fait le monsieur devant le guichet?

8   Quelle est l'attitude de son petit fils, croyez-vous?

9   Les deux jeunes filles, comment sont-elles venues ici?

10   Que fait la jeune fille à gauche?

11   Pourquoi, croyez-vous?

12   Qu'est-ce qu'on peut faire dans ce parc?

88

36 *Au bureau*

1   Quelle heure est-il?

2   Comment savez-vous quelle heure il est?

3   Et quelle est la date?

4   Combien de personnes voyez-vous?

5   Qui sont ces quatre personnes?

6   Que fait la femme au fond?

7   Et le monsieur au premier plan?

8   Qu'est-ce que l'autre jeune femme vient de faire, croyez-vous?

9   Pourquoi?

10   Qu'est-ce qui se passe derrière elle?

11   Alors, qu'est-ce qu'elle devra faire maintenant?

12   Que fait le jeune homme à gauche?

37 *Devant la bibliothèque*

1   Que fait le monsieur qui sort de la bibliothèque?

2   Qu'est-ce qu'il vient de faire, croyez-vous?

3   Pourquoi la jeune fille monte-t-elle l'escalier?

4   Comment l'autre jeune fille est-elle arrivée?

5   Pourquoi met-elle un antivol à son vélo?

6   Qu'est-ce qu'elle avait fait de ses livres?

7   Qui va monter dans l'autobus?

8   Où est-ce qu'elle a été, croyez-vous?

9   Pourquoi dites-vous ça?

10   Que fait le monsieur au premier plan?

11   Qu'est-ce qu'il vient de faire?

12   Comment le savez-vous?

38 *A la cuisine*

1 Combien de personnes voyez-vous?

2 Qui sont ces trois personnes?

3 Que fait la mère?

4 Qu'est-ce qu'elle va faire de tous ces ingrédients, croyez-vous?

5 Qu'est-ce que le petit garçon est sur le point de faire?

6 Qu'est-ce qu'il a fait pour pouvoir faire ça?

7 Pourquoi porte-t-il un tablier?

8 Que fait l'autre garçon?

9 Pourquoi?

10 Où est le chat?

11 Que fait-il?

12 Décrivez le petit garçon, s'il vous plaît.

39 *Au marché*

1   Combien de personnes voyez-vous?

2   Qui sont ces quatre personnes?

3   Que fait la marchande de légumes?

4   Pourquoi?

5   Combien coûtent les pommes et les cerises?

6   Que fait la cliente?

7   Pourquoi?

8   Que fait le boucher?

9   Pourquoi?

10 Qu'est-ce que le chien vient de faire?

11 Pourquoi le boucher ne sait-il pas ce que le chien a fait?

12 Qu'est-ce qu'il dira au chien, croyez-vous?

40 *A l'incendie*

1   Qu'est-ce qui vient de se passer?

2   Qui est-ce qui vient d'arriver?

3   Qu'est-ce que les sapeurs-pompiers espèrent faire?

4   Comment espèrent-ils éteindre l'incendie?

5   Pourquoi est-ce qu'un des pompiers monte une échelle?

6   Qu'est-ce que l'enfant à droite vient de faire?

7   Que faisait-il quand l'incendie a commencé, croyez-vous?

8   Pourquoi dites-vous ça?

9   Qu'est-ce que le pompier est sur le point de lui faire?

10   Pourquoi?

11   Qui sont les autres gens qui sont là, à gauche?

12   Que font-ils?

41 *Au port*

1   C'est en quelle saison, croyez-vous?

2   Pourquoi dites-vous ça?

3   Que fait le monsieur à droite?

4   Pourquoi?

5   C'est quelle sorte de bateau?

6   Pourquoi dites-vous ça?

7   Qu'est-ce qu'on va faire de tous ces poissons, croyez-vous?

8   Pourquoi un des hommes chasse-t-il le chat?

9   Que fait la femme?

10   Qu'est-ce qu'elle fera après, peut-être?

11   Qui est-ce qu'il y a aussi qui regarde la scène?

12   Décrivez le pêcheur qui a la corde à la main, s'il vous plaît.

42 *Dans la rue*

1   Que font tous ces gens dans la rue?

2   Qu'est-ce qu'ils demandent?

3   Pourquoi?

4   Pourquoi les agents de police sont-ils là aussi?

5   Que fait l'agent de police au milieu?

6   Pourquoi?

7   Quelle est l'attitude du monsieur au milieu — celui qui porte une veste blanche?

8   Pourquoi la jeune femme à gauche vient-elle de s'asseoir, croyez-vous?

9   Quel âge a-t-elle à peu près?

10   Qu'est-ce que son amie lui dit, croyez-vous?

11   Les autres gens sur le trottoir, que font-ils?

12   Pourquoi?

43 *Au bureau des objets trouvés*

1   Dans ce bureau, qu'est-ce qu'on a fait de tous les objets trouvés?

2   Pourquoi l'agent de police est-il venu ici, croyez-vous?

3   Qu'est-ce qu'il fait en ce moment?

4   Qu'est-ce qu'il a déjà fait?

5   Que fait la femme qui est devant lui?

6   Pourquoi l'agent de police avait-il tous ces objets?

7   Pourquoi est-ce que les autres personnes sont venues au bureau, croyez-vous?

8   Que fait l'autre employé, croyez-vous?

9   Pourquoi?

10 Qu'est-ce que la dame lui dit, croyez-vous?

11 Quelle est l'attitude de l'homme qui est derrière la dame?

12 Décrivez le jeune homme qui est derrière eux, s'il vous plaît.

44 *Au théâtre*

1   Quelle sorte de maison est représentée sur la scène?

2   Combien d'acteurs et d'actrices voyez-vous sur la scène?

3   Décrivez le monsieur au centre.

4   Pourquoi est-ce qu'il porte un bas sur le visage?

5   Comment est-il entré dans le salon?

6   Qu'est-ce qu'il voudrait faire, croyez-vous?

7   Que fait la dame qu'il menace?

8   Pourquoi?

9   L'actrice qui joue la bonne, qu'est-ce qu'elle a fait, croyez-vous?

10   Qu'est-ce que le souffleur doit faire, alors?

11   Regardez les spectateurs. Que fait le vieux monsieur qui porte des lunettes?

12   Que font les deux dames assises au premier rang?

45 *A l'usine*

1 C'est quelle sorte d'usine?

2 Combien de personnes voyez-vous?

3 Qui sont ces six personnes?

4 Que fait l'ouvrier à gauche?

5 Que fait celui qui est près de lui?

6 Que fait l'ouvrier à l'extrême droite?

7 Qu'est-ce qu'il va faire maintenant?

8 Pourquoi?

9 Qu'est-ce que l'autre ouvrier veut faire d'abord?

10 L'inspecteur, qu'est-ce qu'il fait?

11 Quelles responsabilités a-t-il, croyez-vous?

12 Décrivez l'inspecteur, s'il vous plaît.

1 Combien de personnes voyez-vous devant le cinéma?

2 Ce monsieur-là, qu'est-ce qu'il veut savoir?

3 Que fait cette personne-là?

4 L'homme derrière elle, que fait-il?

5 Pourquoi ne peut-il pas acheter son billet tout de suite?

6 Pourquoi a-t-on mis des photos aux murs du cinéma?

7 Pourquoi cette dame est-elle assise là?

8 Ce monsieur-là, qu'est-ce qu'il vient de faire?

9 Décrivez-le, s'il vous plaît.

10 La femme, qu'est-ce qu'elle fera avant de recevoir son billet?

11 Pourquoi achète-t-elle un billet de loterie?

12 Pour aller dans le cinéma, qu'est-ce qu'il faut faire avant d'ouvrir la porte?

1   Combien de clients voyez-vous dans le magasin?

2   Qui est derrière le comptoir?

3   Que fait le monsieur?

4   Pourquoi est-il habillé comme ça?

5   Que fait la petite fille pour attirer l'attention de sa mère?

6   Qu'est-ce qu'elle voudrait dire à sa mère, croyez-vous?

7   Le chien, qu'est-ce qu'il a envie de faire, croyez-vous?

8   Qu'est-ce que la dame lui dit, alors?

9   Pourquoi ne doit-il pas entrer?

10 Est-ce que le boulanger a déjà vendu toutes ses marchandises?

11 Pourquoi dites-vous ça?

12 Décrivez la petite fille, s'il vous plaît.

48 AEB 1984

1 C'est en quelle saison de l'année, croyez-vous?

2 Pourquoi dites-vous ça?

3 Combien de personnes sont assises à cette table?

4 Pourquoi ces gens sont-ils venus s'asseoir là?

5 Que fait le garçon de café?

6 Comment la femme va-t-elle allumer sa cigarette?

7 Regardez cette famille: que font les deux enfants?

8 Pourquoi?

9 Quels membres de la famille ne vont pas se baigner, croyez-vous?

10 Pourquoi dites-vous ça?

11 Les deux hommes, qu'est-ce qu'ils sont sur le point de faire?

12 Quelle est la réaction de la jeune fille?

1 C'est en quelle saison de l'année, croyez-vous?

2 Pourquoi dites-vous ça?

3 Pourquoi tous ces gens sont-ils venus à cet endroit?

4 Combien de personnes y a-t-il dans cette famille?

5 Qui sont ces cinq personnes?

6 Où est le chien?

7 Que fait le petit garçon?

8 Quelle est la réaction de sa mère?

9 Que fait le monsieur au centre?

10 La dame qui est avec lui, quelle est son attitude, croyez-vous?

11 Pourquoi dites-vous ça?

12 Que fait le garçon de café?

50 AEB 1984

1 C'est en quelle saison de l'année, croyez-vous?

2 Pourquoi dites-vous ça?

3 Quelle heure est-il?

4 Comment savez-vous quelle heure il est?

5 Que fait l'agent de police?

6 Pourquoi?

7 Pourquoi est-ce que la voiture ne part pas?

8 Décrivez la jeune femme, s'il vous plaît.

9 Pourquoi les gens derrière crient-ils?

10 Que font tous ces gens à droite?

11 Quelle est leur réaction?

12 Pourquoi?